Ursula Burckhardt

Seelenmomente II

AF289056

Seelenmomente II

Ursula Burckhardt

Bibliografische Information der Deutschen Nationalbibliothek: Die Deutsche Nationalbibliothek verzeichnet diese Publikation in der Deutschen Nationalbibliografie; detaillierte bibliografische Daten sind im Internet über http://dnb.dnb.de abrufbar.

1.Auflage

Lektorat: Ursula Burckhardt
Weitere Mitwirkende: HaBen Medienverlag Bernd Dunski
Titelbild: German Müller

Verlag: BoD · Books on Demand GmbH, Überseering 33, 22297 Hamburg, bod@bod.de

Druck: Libri Plureos GmbH, Friedensallee 273, 22763 Hamburg

ISBN 978-3-8192-1113-3

Inhaltsverzeichnis

I

ALZHEIMER

Du bist das Wertvollste in meinem Leben,
alles haben wir geteilt und uns gegeben.
Wir waren derart hoch im Glück,
da nahm das Schicksal uns ein Lebensstück.

Am Anfang suchtest du nach Worten,
dann nach Gegenständen an unzähligen Orten.
Das Telefon war nicht mehr an Ort und Stelle,
es fand sich wieder in der Mikrowelle.

Den Kleiderständer grüßtest du mit Namen,
du erkanntest nicht mehr Freunde, die zu uns kamen.
Zuerst fand ich dies alles noch zum Lachen
und ich fragte mich, wie kann man solche Späße machen?

Zu einem frisch gebackenen Fisch,
legtest du als Besteck Kamm und Bürste auf den Tisch.

Meine Gefühle und meine Welt blieben stehn,
als ein Arzt dich untersuchte und wollte uns
Beide sehn.
Er war sehr ernst und sagte dann,
dass man ALZHEIMER nicht heilen kann.
Die Diagnose traf mich wie ein Schlag,
nie vergesse ich diesen unseren Schicksalstag.

Seit Jahren sitze ich hier, halte deine Hand
und du fragst "Entschuldigung, sind wir be-
kannt?"
Die Krankheit nahm auch mir einen Großteil
von meinem Lebensmut.
Doch ein Hoffnungsfunke bleibt, vielleicht wird
alles irgendwann wieder gut.
Ein Teil in mir starb, den anderen möchte ich dir
weiterhin geben.
ALZHEIMER, das ist wie tot sein im Leben.
In einsamen Stunden überlege und bete ich dann,
vielleicht gibt es bald ein Medikament, das ALZ-
HEIMER heilen kann.

EIN SOMMERTAG

Ich flieh in meinen Garten,
vor tristem Alltagsgrau.
Da seh ich eine Meise,
nicht rot, nicht grün, nein blau.

Lavendel verströmt Düfte,
betörend all mein Denken.
Tanzend wollen Schmetterlinge
Aufmerksamkeit auf sich lenken.

Eine Elster die krächzt laut,
hinein in dieses Idyll.
Jedoch nur einen Moment,
dann ist es wieder still.

Ein kleiner Bach am Ende,
in dessen kühlendem Nass,
lass ich die Seele baumeln
und hab großen Lebensspaß.

VOGELKONZERT IM SOMMER

Der schönste harmonischste Klang,
ist für mich der Vogelgesang.
Ein großer Chor in verschiedenen Tönen,
will mich mit seinem Gesang verwöhnen.
Amseln, Meisen, Rotkehlchen und Spatzen
singen, scharf beobachtet von Nachbarskatzen,
ein buntes Jahreszeiten Potpourri,
in Freiheit, Frieden, in Dankbarkeit und Harmo-
nie.

DIE ALTE STANDUHR

Die alte Standuhr aus Nussbaumholz,
war einst meiner Großeltern ganzer Stolz.
Für uns Kinder war sie Geheimnis und Magie,
viele Geschichten rankten sich um sie.
Im Uhrenkasten war früher bedeckt,
ein Uhrenschlüssel für das Laufwerk versteckt.
Und Großvaters Aufgabe bestand darin,
das Uhrwerk regelmäßig aufzuziehn.
Uns Kindern ward es manchmal bang,
hallte des nachts durchs Haus der laute Uhren-
klang.
In monotonen gleichen Runden,
schlug sie die halben und vollen Stunden.
Wie mein Herzschlag, langsam und leise,
schwebte der messingfarbene Pendel auf eigene
Weise.
Seit langem steht die Uhr nun in meinem Haus,
sie ist heute stumm, bringt keinen Ton mehr
raus.

Sie sah Leben kommen und gehn,

und musste schwere Zeiten überstehn.

Wenn ich heute betrete der Standuhr Raum,

erlebe ich immer noch den schönen Kindertraum.

Dann streiche ich sanft über des Lackes Kratzer und Blessuren,

und seh die Anmut und Schönheit ihrer Lebensspuren.

BERGBLICK

Die Gipfel der Alpen, schneebedeckt,
ragen stolz aus der dichten Nebeldecke empor.
Strahlend blauer Himmel, wärmende Sonne,
um mich herum summen Bienen im Chor.

Viele Wanderer auf dem Weg zum Gipfel,
vorbei an Wachholder Heide und Preiselbeeren.
Manche laut lachend, andere bedächtig leise,
viele wollen die friedliche Idylle nicht stören.

Ich sitze auf einer Bank, lass den Blick schweifen,
seh Flieger am Himmel und erlebe allerlei Getier.
Dann pack ich meine Brotzeit aus
und schwups, sind die Bergdohlen bei mir.

Mein Herz hüpft vor Freude ob all dem Erleben.
In den Bergen, ja, da bin ich daheim.
Höre Glockenläuten aus dem Tale
und Frieden stellt sich in der Seele ein.

DER ZIGEUNER

Er spielte Geige in der kleinen Bar,
als ich ihn zum ersten Male sah.
Den jungen Zigeuner mit feurigem Blick,
gefangen mein Herz, es gab kein Zurück.
Schwarz gelocktes Haar und braune Haut,
schwarze große Augen, athletisch gebaut.
Stolz spielte er auf seinem Instrument
Lieder, die nur ein Zigeuner kennt.
Sie erzählten von Leben und Leid,
von schönen Traditionen aus alter Zeit.
Aber auch von glücklichen Tagen,
von bunt geschmückten Pferdewagen.
Ja, er spielte sich bei Kerzenschein,
ganz tief in meine Seele rein.
Zum Schluss kam er an meinen Tisch.
Ich glaubte, er spielte nur für mich.
So berührte er einst mein Herz,
unvergessen dieser süße Schmerz.

ICH WOLLT ICH WÄR DEIN GARTEN

Ich wollt ich wär der Rasen,
in deinem schönen Garten.
Du kämest jeden Tag zu mir,
auf dich brauch ich nicht warten.

Ich wollt ich wär das Blumenbeet,
dem ganz dein Herz gehört.
Das mit Farben und Düften,
das deine Sinne betört.

Ich wollt ich wär ein Fischlein,
in unserem Seerosenteich.
Du sorgtest dich um mich,
oh Gott, fühlte ich mich reich.

Ich wollt ich wär der alte Baum,
der Ruhe und Schatten dir spendet.
Bevor glücklich und getragen,
dein Tagewerk hier endet.

Ich wollt ich wär die Rose,
die tief dein Herz erreicht.
Mit der gedanklich du verbunden,
die all deine Sinne erweicht.

Ich wollt ich wär der wilde Wein,
der an der Mauer rankt.
Der farbenfroh und prächtig
dir für Pflege dankt.

Ich wollt du würdest mich so sehn,
wie all die Vielfaltsbreite.
Denn mich hast du dabei vergessen,
den Menschen an deiner Seite.

EINE STECHMÜCKE

Es tanzte ein Stechmückelein,
einst anmutig im Sonnenschein.
Die Leichtigkeit von diesem Spiel,
war meiner Augen glücklich Ziel.
Fast schwerelos schwebte sie im lauen Wind
grazil, weil Mücken ja nicht übergewichtig sind.
Ich dachte noch, sie ist kokett,
ständig erweiterte sie ihr Tanzparkett.
Dann fielen mir die Augen zu,
ich döste ein in seliger Ruh.
Als plötzlich ich einen Mückenstich bekam,
in Dekollete und Oberarm.
„Oh du gemeines, fieses Wesen,
ist das jetzt der Dank gewesen,
dass ich deinem Tanz applaudiert'
und du stichst mich hier ganz ungeniert?
Wart nur ab, wenn ich dich kriege,
mach ich aus dir ne Eintagsfliege!"

Mordgedanken melden sich an,
gegen die ich nichts unternehmen kann.
Und die Moral von dem Gedicht:
Das Schöne kommt oft, doch lange währt es
nicht.

DIE LIEBE – EIN RÄTSEL

Bitter oder süß, dein Mund kann sie nicht schme-
cken,
sie wächst auch nicht im Garten oder hinter He-
cken.
Sie ist nicht zum fassen oder zum essen,
du kannst an sie denken oder sie vergessen.

Wie guten Wein kannst du sie nicht trinken,
trotzdem kann sie dir zuwinken.
Mit guten Augen kannst Du sie nicht sehen,
und ihre Zeichen wirst Du oft nicht verstehen.

Du suchst nach ihren vielen Farben,
wie oft schon ließ sie dich darben.
Sie hat keine Formen, aber einen Sinn,
oft geht sie von einem zum anderen hin.

Doch kommt sie zu Dir, du merkst es im Bauch,
Schmetterlinge fliegen und Du willst es auch.
Dein Herz tickt schnell wie eine Eieruhr,
das ist die LIEBE! Die LIEBE pur!

TRÄUME IM APFELBAUM

Letzte Nacht in meinem Traum,
saß ich in einem alten Apfelbaum.
Auf einem dicken Aste,
auf den ich gerade so passte.
Umgeben von vielen süßen Früchten,
übte ich das Apfelbaumdichten.
Die Sonne lächelte gnädig warm,
wärmend meinen Kopf und Oberarm.
Ich sah die Äpfel, prall und rund,
das Wasser lief mir zusammen im Mund.
Idylle pur, so sah es aus,
im Apfelbaum vor meinem Elternhaus.
Stille, Ruhe, Gartenfrieden,
alles ward mir dort beschieden.
Dann kam eine Biene, setzte sich auf mein Ge-
sicht,
und ich verlor in Panik mein Gleichgewicht.
Ich fluchte und schrie, dann weiß ich nichts
mehr,
fiel aufs Gesäß, das schmerzte sehr.

Hab noch an die Biene gedacht,
und vorsichtig meine Augen aufgemacht.

Da spürte ich mein Daunenkissen
und mich plagte mein Gewissen.
Bienen sind doch auf der Welt so wichtig
Und, so ist es folgerichtig,
ich widme ihnen dieses Gedicht,
denn eine Welt ohne Bienen, nein, die will ich nicht.

DER APFEL

Es hing ein dicker Apfel
an meinem Apfelbaum.
Mit reifen roten Backen,
ein wahrer Gärtnertraum.

Den wollte ich mir pflücken
und freute mich schon sehr.
Oh seliges Entzücken,
welch freudiges Begehr.

Dann stand ich vor dem Apfel,
betrachtete ihn stolz.
Streichelte noch mal kurz,
über seines Stammes Holz.

Oh Schreck, was musste ich erblicken,
ein Loch im Apfel, welch ein Graus!
Und zu meinem Leideswesen,
lugte ein dicker Wurm heraus.

So ist es stets im Leben,
alles Schöne hat seine Zeit.
Doch kommst du verspätet,
musst du nehmen was übrig bleibt.

DIE SONNENBLUME

Du schönste aller Blumen,
fängst mir die Sonne ein.
Streckst dich ihr anmutig entgegen,
leuchtest in ihrem hellen Schein.

Du schönste aller Blumen,
gibst auch den Vögeln Mahl.
Sie picken von deinen Kernen,
unendlich viele an der Zahl.

Du schönste aller Blumen
in gelber Sonnenpracht.
Die Menschen haben sich für dich
den Namen Sonnenblume erdacht.

Du schönste aller Blumen,
zierst Gärten und das Feld.
Du bist mein Sonnenbote,
der schönste auf der Welt.

LEBENSFREUDE

Wenn Schmetterlinge tanzen
in lauem Sommerwind,
grazil wie Ballerinas
da staun ich wie ein Kind.

Die Leichtigkeit des Seins,
die zeigen sie mir auf.
Und ihren Spaß am Sommer,
im kurzen Lebenslauf.

In herrlich bunten Farben,
flirren sie umher.
Die kleinen Gottesdiener,
ich liebe sie so sehr.

Sich neckend in den Lüften,
stets im Sonnenschein,
vermitteln sie eine Lebensfreude,
die schöner und größer kann nicht sein.

ERSTE LIEBE

Erinnerst Du dich an der ersten Liebe Band,
das zärtlich dich umfing,
als er(sie) vor dir stand
und die Sonne tausendfarbig aufging?

Deine Augen leuchteten wie ein Kristall,
du sprühtest vor Elan und Kraft.
Dein Herz hüpfte wie ein Flummiball,
als du trankst der Liebe süßen Saft.

Deine Hände zitterten,
einem Erdbeben gleich.
Schmetterlinge im Bauch sie flitterten,
deine Beine wurden wie Gummi so weich.

Dein Herz es brannte lichterloh,
keine Feuerwehr in Sicht.
Bei Liebenden das ist das so,
wer nicht liebt, erlebt das nicht.

Mit etwas Wehmut schaust du heute zurück,
und ein Lächeln huscht über dein Gesicht.
Es war eine besondere Zeit voll Glück,
die erste Liebe vergisst man nicht.

GEWITTER AN EINEM SONNENTAG

Rasch verdunkelt sich das Himmelszelt,

dunkle Regentropfen fallen auf die Welt.

Grell zucken Blitze, von lautem Donner begleitet,

ein schauriges Spektakel, das sich ausbreitet.

Dann öffnet der Himmel seine Pforte,

unvorstellbare Wassermengen fluten Orte,

die von starkem Wind quer getrieben werden,

Nacht ist es am Tage hier auf Erden.

Sturzbäche entstehen, in die sich alles gesellt,

was sich bergab in den Weg ihnen stellt.

Voller Schlamm sind die Straßen, Gehwege überspült,

Weltuntergangsstimmung, nicht nur gefühlt.

Der Sturm peitscht Blätter und Äste von Bäumen,

lange wird es dauern, die Schäden aufzuräumen.

Und nach einer gefühlten Ewigkeit,

machen sich die Wolken zum weiter ziehen bereit.

Das Unwetter hinterlässt gereinigte Luft,

aufsteigende Nebenschwaden sind gefüllt mit zartem Blumenduft.

Langsam trauen sich die Menschen wieder aus dem Haus,

denn über'm Berg sieht's bereits nach Sonnen-schein aus.

ROSEN

Prachtvolle Rosen überall in meiner Wohnung
stehen,

an ihrer Schönheit kannst du des Schöpfers
Freude sehen.

Die Vielfalt der Knospen, der Blüten Farbgestal-
tung,

lässt mich demütig werden in meiner Haltung.

Bunte Rosen schmücken meinen Lieblingsraum,

ich träume bei ihrem Anblick einen Sommer-
traum.

Ob rosa, weiß, schwarz oder rot,

alle Farben findest du im Erdenangebot.

Gelbe Rosen schmückten einst meinen Hoch-
zeitstag,

rote Rosen sagen mir, dass jemand mich mag.

Ihre Blüten wie aus Samt, die Stiele verdickt,

ihr Anblick immer wieder mein Herz entzückt.

Rosen bekam ich, als meine Kinder wurden geboren,

Rosen habe ich als meine Lieblingsblumen erkoren.

Rosen bringen mich immer wieder zum Lachen,

mit Rosen kann man mir eine große Freude machen.

Am Ende meines Lebens, wenn kalte Erde mich deckt zu,

findest du weiße Rosen, als Zeichen der ewigen Ruh.

Ich hoffe und bete, dass Gott mich einst wird erwarten,

mit einem Strauß Rosen, aus seinem großen Paradiesgarten.

MEIN GARTEN - MEINE LIEBE

Wenn ich durch meinen Garten geh,
die Vielfalten allen Lebens seh,
Geranien, Clematis, Vergissmeinnicht und Tau-
sendschön,
kann ich die Liebe unseres Schöpfers sehn.
Hortensien, Lavendel, Klatschmohn blutrot,
erweitern das Seelenfarbenangebot.
Kräutervielfalten zu leckerem Essen,
im Hochbeet Salat, Kohlrabi, Radieschen nicht
zu vergessen.
Tomaten ranken wie ich seh,
an Spiralen in die Höh.
Amseln, Meisen und viele andere Vogelarten,
sie sind alle Gast in meinem Garten
Eine Eidechse tankt mit viel Wonne
wohltuende wärmende Sonne.
Ein kleiner Igel läuft über die grüne Wiese,
ich fühle mich in einem Paradiese.
Schwalben segeln durch die Lüfte,
meine Nase getaucht in süße Düfte.

Ich sag es euch Körper, Seele und mein Geist,
in diesem Frieden den Schöpfer preist.
Weiße Wölkchen zieren blaues Himmelszelt,
mein Garten ist für mich der schönste Platz auf
der Welt.

ERNTEDANK

Danke für Getreide, aus dem Mehl wird gemacht,
danke für Kastanien und Nüsse, die im Sturm ge-
fallen heute Nacht.
Danke für der Äpfel vielerlei Sorten
danke für Kartoffel, die wir im Keller horten.
Danke für viele Kürbisarten,
danke für Kohlrabi und Möhren aus dem Garten.
Danke für neuen Wein, der ruht in Kellern,
danke für Salatvielfalt auf den Tellern.
Danke für Dahlien, Astern und Chrysanthemen,
die wir als Sträuße mit nach Hause nehmen.
Danke für Quitten und auch Lauch,
danke will ich sagen, für einen stets vollen Bauch.
Danke zu sagen, jetzt ist sie da die Zeit.
Ernte Dank macht Herzen weit.

ROSENSTOLZ

Es blühet stolz die Rose,
entfaltet Blütenpracht.
Ist dabei jedoch,
nur auf ihr Äußeres bedacht.
Hoch reckt sie ihre Knospen
und droht in Übermut.
„Wer mich will einmal schneiden,
dem tu ich mit meinen Dornen nicht gut."
Da kommt ein junger Mann,
er sieht die Rose, rein!
Und denkt.. so soll die Blume,
für meine Liebste sein.
In tiefer roter Farbe,
so steht sie hier umher.
Er zückt ein scharfes Messer
und schwupps, ist sie nicht mehr.
Die Moral von dem Gedicht,
es ist nicht schwer zu raten.
Hochmut kommt stets vor dem Fall,
so wie bei der Rose im Garten.

GOTT IST LIEBE

Wie sinnlos wäre unser Menschenleben,
würde es keinen Herrgott geben.

Er, der sich erdachte den Tag und die Nacht,
er, der die Gestirne für uns gemacht

Er, der erschuf unsere schöne Welt,
die Tiere, Blumen und das Himmelszelt.

Bäche, Flüsse und auch die Meere,
alles entstand zu seiner Ehre.

Er schuf den Adler am Himmel, die Fische im
Meer,
den König der Wüste und noch vieles mehr.

Welch genialer Gedanke, die Schönheit, das
Gleichgewicht,
alles spiegelt wider, sein Gesicht.

Selbst der Engel große Schar,
bringt dem Schöpfer ergeben den Lobgesang dar.

Er formte den Menschen, gab ihm den freien
Willen,
und auch Verstand, seine menschliche Neugier
zu stillen.

Er sieht barmherzig auf der Menschen Schuld,
und hat mit uns doch soviel Geduld!

Er, der uns liebt, wie es nur ein Gott kann tun,
wird nie müde, sich von den Menschen auszu-
ruh'n.

Er weist die Menschen nie in Schranken
und wir, wir müssen nur „Glauben und Danken!"

Gott ist liebender Vater, ist gnädig und Tröster
im Leid,
Gott ist nicht vergänglich, sondern EWIGKEIT!

DEJA VU

Mir wird kalt und ganz schnell heiß,
auf der Stirn entsteht viel Schweiß.
Der Puls er nimmt an Schlägen zu,
kann kaum schlafen, finde kaum Ruh.
Ich springe und singe den ganzen Tag,
frag mich, was das wohl sein mag.
Das Herz es hüpft, es flattert im Bauch
kennst du die Symptome auch?
In Gedanken umarme ich die Welt,
lache hoch zum Himmelszelt.
Jede Arbeit fällt mir leicht,
welcher Virus hat mich da erreicht?
Der Körper fiebert, die Augen haben Glanz,
Melodien gesummt, laden die Füße zum Tanz.
Ich fühle mich glücklich und frei wie ein Kind,
schicke meine Gedanken in den Wind.
Ich schau in den Spiegel und stelle fest,
dass dieser Infekt mich anders aussehen lässt.

Das Gesicht es leuchtet, das Auge strahlt,

das Antlitz die Wangen rot untermalt.

Ein Deja Vu in diesem Moment,

etwas, das jede Menschenseele kennt.

Die Liebe sie hat mich gefunden,

sie alleine lässt mich gesunden.

Denn diese Symptome entstehen nur auf der Welt

wenn die Liebe Einzug hält.

IM WALD

Ich liebe es zu träumen,
unter schattenspendendem Kronendach von
Bäumen.
Wenn ich auf Moos und Laub kann liegen,
und meine Gedanken himmelwärts fliegen.
Ich seh' die Sonnenstrahlen durchs Blattwerk
blitzen,
und zwitschernde Vögel auf den Ästen sitzen.
Wenn das Laub sanft tänzelt in leichtem Wind,
dann bin ich glücklich wie ein Kind.
Meine Seele preist dann still und leise,
ihren Schöpfer auf ihre eigene Weise.
Bevor ich später diesen Friedensort verlasse,
ich noch des Baumes Stamm umfasse.
Dann kann ich seine Energien spüren,
die von Weisheit und Demut herrühren.
Sogar des nachts in meinem Traum,
hör ich das Hohe Lied meines Bruders, dem
Baum.

GLÜCKLICHE TRENNUNG

Nein, nein! Ich kann und will dich nicht mehr
sehn,
zu lange schon mussten wir unseren Weg ge-
meinsam gehn.
Ich hab dich getragen, mich um dich gekümmert,
doch du hast alles nur verschlimmert.
Warst stets nur auf dein Aussehen bedacht
und ich, ich hab alles mitgemacht.
Du warst zickig, bockig, störrisch, verwegen,
der Alltag ohne dich ist für mich nur Segen.
Viel Geld hab ich in dich investiert,
damit du glänzen und wachsen kannst ganz unge-
niert.
Glaub es nur, mir geht es gut!
In mir entsteht viel neuer Mut.
Denn du bist nicht mehr auf meinem Kopf,
du alter, dicker, borstiger, langer Zopf.

GOLDENER HERBST

Buntes Laub an Rebenhängen,
Farbenspiel in Rot und Gold.
Letzte warme Sonnenstrahlen,
so hat Gott den Herbst gewollt.

Chrysanthemen, Astern, Erika,
Hortensien mit bunten Tellern.
Letzter Schnitt an Rosenstöcken,
neuer Wein gärt in den Kellern.

Nüsse fallen von den Bäumen,
liegen taubedeckt in Gras.
Kohlrabi gibt's und Möhren,
Erntezeit ist Erntespaß.

Rotkohl, Weißkohl, Spitzkohl, Lauch
Kohl, den gibt's in allen Arten.
Rasch gekocht, dann auf den Teller,
frisch aus dem Gemüsegarten.

Kastanien und Eicheln,
reich bedecken Waldesmoos.
Genau wie Bucheckern und Zapfen,
die Tafel für Waldtiere ist groß.

Bunte Blätter von den Bäumen
letzte Wärme noch genießen.
Tanzen lustig durch die Luft,
Pilze tief im Walde sprießen.

Herbst ist ein ZUR RUHE KOMMEN,
für Menschen, Tiere und Natur.
Erneut dreht sich nächstes Jahr wieder
die schöne Jahreszeitenuhr.

FARBENZAUBER IM HERBST

Meine Augen baden in Farben,
ausgeglichen Gemüt und Gefühl.
Das Herz quillt über vor Freude,
Spätherbst, er schenkt mir so viel.

Trunken in all diesem Erleben,
letzte warme Strahlen der Sonne.
Demütig, ergeben, loslassend,
in Farbenzauberwonne.

EIN SPINNENNETZ

Am Wegesrand konnt ich es sehn,
das Spinnennetz so wunderschön.
Es glitzerte im Sonnenschein,
lud mich zu einer Betrachtung ein.
Grazil webte hier eine Spinne,
mit vielen Beinchen … ganz dünne,
ein Geflecht gleich einem seidenen Band,
in stoischer Ruhe wie ich fand.
Da kam ein leichter Hauch von Wind,
der schüttelte das Netz geschwind.
Doch es hielt stand und für das Tier,
was es Bungee Jumping, glaube mir.
Dem Erlebten, ich darf es nicht vergessen,
hab ich erst keine Bedeutung beigemessen.
Doch auf meinem Wege zurück,
erfasste ich das erlebte Glück.
Egal welches Wetter, ob du groß bist oder klein,
Spinnen macht immer Spaß, auch allein!

OHNMACHT

Gletscher schmelzen unaufhörlich, Jahr um Jahr.
Die letzten Ressourcen der Welt werden rar.
Das große Ozonloch ist so nicht geplant,
durch das sich schädliches UV Licht bahnt.

Urane und Erze werden der Erde geklaut,
davon werden Atombomben gebaut.
Leukämien machen sich dort breit,
wo ein AKW ist nicht sehr weit.

Radioaktiver Abfall wird über Nacht,
rasch in einen maroden Salzstollen verbracht.
Der Kahlschlag im tropischen Regenwald,
lässt noch viel zu viele Menschen kalt.

Ein großer Strom wird angestaut,
der Menschen Häuser woanders hin gebaut.
Für des neuen Stromes Lauf,
nimmt man sogar Klimaveränderungen in Kauf.

Ölverschmutzung zerstört das Leben im Meer.
Die Ölkonzerne wollen Geld, immer mehr!
Luftverpestung, Giftmülldeponien, Rinderwahn,
Was tut der Mensch sich nur selber an?

Ich balle die Fäuste, schreie die Wut aus dem
Bauch.
Dann frage mich, geht es dir so auch?
Ich fühle die Ohnmacht, kann mich nicht weh-
ren,
wie soll ich all dies mal meinen Enkeln erklären?

Der Mensch braucht keine Bomben, Panzer und
Granaten,
wir müssen nur noch etwas warten.
Der Mensch tötet sich selbst und vernichtet die
Welt,
weil nur noch Macht, Gier und Mammon zählt.

NACH RÜDESHEIM AM RHEIN

Am Rheine ging ich einst spazieren,
nach Rüdesheim, da wollt ich hin.
Es war schon früher Abend,
nach Essbarem stand mir der Sinn.

Ich folgte lachenden Menschen,
welch fröhliches Beisammensein.
Dann bog die ganze Meute
mit mir in die Drosselgasse ein.

Ich fand ein nettes Weinlokal,
blieb dort die ganze Nacht.
Habe viel getrunken, geschunkelt,
 gesungen und gelacht.

Die Gläser voll mit altem Wein,
der rann durch meine Kehle.
Die hübschesten Mädchen ich dort sah,
welche Wohltat für meine Seele.

Doch als in früher Morgenstund,
der Wirt mein Geld wollt sehn,
da drehte sich die lange Theke,
ich konnte nicht mehr stehn.

Nach der Erfahrung an dem Ort,
ich sag es hier geheim.
Ich war nie in der Drosselgasse,
ich schriebs nur wegen dem Reim.

DER HERBST IST DA

Es sind nur noch schwache Sonnenstrahlen
Die, zwischen grauem Wolkenband
Farben auf buntes Laub der Bäume malen,
man spürt es überall, der Herbst zieht ins Land.

Kürzer ist bereits der Tage Zeit
und nachts unter dicken Decken,
macht mein Körper sich bereit,
eine neue Wärmeform zu entdecken.

Vorbei ist auch die Erntezeit,
die uns wieder so viel beschert.
Ruhe und Gelassenheit machen sich breit,
weil auch das zum Leben gehört.

So will meine Augen ich noch tränken
in herbstlich buntes Farbenspiel.
Nicht an Schnee und Kälte denken,
annehmen und einlassen ist mein Ziel.

SCHÖNER HERBST

Langsam schwebt ein Blatt vom Baum,
bunt gefärbt, erhaben schön.
Will ich meinen Augen traun,
werd ich bald ganz viele sehn.

Herbst hält Einzug welche Pracht,
nasses Gras unter meinen Füßen.
Herbstmond naht, ganz riesengroß,
will herzlich uns hier unten grüßen.

Mit heißem Tee und warmen Puschen,
geh bedächtig ich durchs Haus.
Will rasch unter meine Decke huschen.
So sieht Herbstvorfreude für mich aus.

MEINE WÜNSCHE FÜR DICH

Ich wünsche dir auf deinen Wegen,
ganz viel Glück und Gottes Segen.
Eine Hand die dich beschützt,
dass dein Dasein vielen nützt.
Dass viel Freude dich begleitet
ein Engel deine Schritte leitet.
Ich wünsche dir viel Kraft,
Zuversicht die Freude schafft.
Nette Menschen die dein Leben würzen,
keine Krankheiten die es verkürzen.
Hoffnung und Zuversicht in der Stille
Dankbarkeit in Fülle.
Ich wünsche dir das Gute zu sehn,
dann wirst du spüren, das Leben ist schön.

SPÄTHERBST

Beharrlich, ausdauernd und mit viel Kraft,
hat sich der Spätherbst Einzug verschafft.
Grauer Nebel gewinnt die Oberhand,
Sonne scheint nur noch selten im Land.
Buntes Laub fällt von den Bäumen,
Pilze, tief im Walde träumen.
Weintrauben die geerntet werden,
Almabtrieb der vielen Herden.
Spinnweben fliegen durch die Lüfte,
farbenfroh Astern und Dahlien ohne Düfte.
Sonnenstrahlen in letzten Zügen,
Kinder lassen Drachen fliegen.
Nüsse und Kastanien vom Baum,
erfüllen manchen Basteltraum.
Trübe Natur und trotz der Fülle,
Seelen sehnen sich nach Stille.
Ich wünsche mir bei einem Glase Wein,
mögen meine späten Lebenstage ebenso
bunt, schön und gesegnet sein.

SPAZIERGANG IM HERBST

Mit dickem Pullover und Wanderschuhn,
will ich frühmorgens einen Spaziergang tun.
Vorbei an Nuss und Apfelbäumen,
auch Kastanienbäume meinen Weg säumen.
Nachttau bedeckt noch das Gras der Streuobst-
wiesen,
auf denen bereits die Herbstzeitlosen spriessen.
Kühe seh ich, an des Waldrands Höh'n,
die grasen und eng gedrängt zusammen stehn.
Durch dichten Nebel suche ich den Weg,
steil bergan, über eines Baches Steg.
Gespenstisch schön durch Nebel zu gehn,
und den Wald wie verzaubert zu sehn.
Als endlich ich das Plateau erreich,
fühl ich mich glücklich, einem Entdecker gleich.
Die Sonne scheint, ich steh über dem Nebelort
und lache zum Himmel, ohne ein Wort.

In der Hütte auf der Bergeskuppe,
freu ich mich dann auf eine Kürbissuppe.
Vielleicht aber auch auf Zwiebelkuchen mit
neuem Wein,
mehr brauch ich nicht zum Glücklichsein.

HERBSTFARBENSPIEL

Ich wandere am Morgen, der Frühnebel kalt,
über Wiesen und Felder durch bunten Wald.
Schon bald bricht Sonne mit güldnem Licht,
durch graue Nebelschwaden sich Sicht.
Hagebutten an Hecken in kräftigem Rot,
bereichern das Herbstfarbenangebot.
Diamantengleich benetzt der Tau,
grüne Wiesen in dieser Spätherbstschau.
Rote Fliegenpilze um die Ecke,
verschönern den Grund einer Brombeerhecke.
Lila und weiße Herbstzeitlose meinen Weg säumen
und wie ich vom goldenen Herbste träumen.
Braune Eckern der Buchen liegen nass,
neben Eicheln in braun grünem Gras.
Da seh ich Pilze weiße, rote und braune,
die Wachstumsvielfalt erhellt meine Laune.
Kastanien und ihre gelb braunen Blätter,
erhellen das sonst eher trübe Wetter.
Spinnen weben kunstvoll vereint

die schönsten Gebilde, wenn die Sonne drauf
scheint.

Rote, braune, grüne, gelbe Blätter in schönsten
Farbentönen,

meine Augen, mein Herz und die Seele verwöh-
nen.

Auf ihnen lauf ich samtig, rutschig und weich.

Weiß mich nach all dem Erlebten beschenkt.
Überreich!

HERBSTWALD

Es sprießen die Pilze im Walde,
auf üppig grünem Moos.
In herrlichen Strukturen,
was ist denn da nur los?

Das Laub fällt von den Bäumen,
dazu weht kühler Wind.
Oft legt sich nebellastig,
ein Schleier aufs Land geschwind.

Eindruckstrunken und allein,
wandre ich durch bunte Flur.
Genießend diesen Farbenrausch,
Herbstsymphonie in Moll und Dur.

HERBST IMPRESSIONEN

Bunte Blätter fröhlich tanzen,
zeigen des Herbstwindes Energie.
Sie sind Teil des Jahreszeitenganzen,
die Reigen, ein Gebilde der Fantasie.

Letzte Sonnenstrahlen setzen Couleur,
in Feld und Wald und Flur.
Morgennebel lasten schwer,
es dreht sich die Jahreszeitenuhr.

Dickere Kleidung muss nun sein,
auch Stiefel und Schirm sind ein Muss.
Denn bald zieht nun der Winter ein,
weil auch der Herbst vergehen muss.

NEBELMOMENTE

Graue Nebenschwaden wallen,
bedecken Feld und Wald.
Vom Berge sie ins Tale fallen,
plötzlich wird es dunkel, feucht und kalt.

Sonne ist nicht mehr zu sehn,
alles ist grau und trist.
Die Szenerie gespenstisch schön,
wie das im Herbst oft ist.

Augen suchen festes Ziel,
in dem dunklen Nebelmeer.
Ängstlichkeit ist ein Gefühl,
denn ich seh mein Ziel nicht mehr.

Ich versuch mit kleinen Schritten,
tapfer meinen Weg zu gehen.

In Gedanken viele Bitten,
dann kann ich schwach die Sonne sehn.

Kleine helle Lichterstrahlen,
durchbrechen jetzt die Nebelwand.
Diese spiegeln und bemalen
das, was ich zuvor nicht fand.

EIN KÜHLER NOVEMBERTAG

Ein traurig trister und kühler Tag,
nasskalt, was ich eigentlich nicht mag.
Kranichzug am wolkenbedeckten Himmelszelt,
sie fliegen zur Sonne, in eine wärmere Welt.
Novembergrau, wenn ich aus dem Fenster seh,
doch dann hab ich eine tolle Idee.
Ich zieh mich dick an, fahre mit der Bahn,
zu einem geliebten Menschen, dessen Freude ich
mir
schon jetzt ausmalen kann.
Mein Herz hüpft vor Wonne, nur noch wenige
Schritte,
schon ist meine Seele wieder in ihrer Mitte.
Ich betrete das Haus worin er wohnt
und werde mit dem dankbarsten Lächeln be-
lohnt.
Geborgenheit und Glück fühle ich, als ich ihn an
mich drücke
und mich dabei tief zu ihm herunter bücke.

Zwei Augen strahlen mich an, welche Wonne,
leuchten wie Novembersonne.
Lächelnd streckt er seine Hände zu mir aus,
es ist mein alter Vater, in meinem Elternhaus.

EISROSE

Minustemperaturen der letzten Nacht
haben aus meiner Rose für dich eine Eisrose ge-
macht.
Tausende kleine Eiskristalle verzieren der Blüte
Rand,
helles Glitzern auf blutrotem Farbenband.

Mildes Sonnenlicht, lässt ein Funkeln entstehn,
buntes Farbenspiel! Atemberaubend schön.
Selbst im Eis hat sie ihren Stolz nicht verloren,
deshalb hab ich die Rose zu meiner Lieblings-
blume erkoren.

Ihr Glitzern und Funkeln zieht meine Blicke an,
etwas Schöneres ich nirgendwo finden kann.
Drum ist mein Gedicht das heute ich erdacht,
für alle Rosen der Welt und auch für die Eisrosen
gemacht.

IM KERZENSCHEIN

Jeden Tag zünde ich eine Kerze an.
Sie erinnert mich stets daran,
dass alles auf der Welt vergänglich ist,
was manch einer in seiner Gier vergisst.

Sie erinnert mich auch dankbar zu sein,
ist der Grund auch noch so klein.
Nichts ist ewig, alles wird verblassen,
schaut man auf Egoismus und Völkerhassen.

Ich schaue still in die Kerze und ich bet',
dass das Leben sich nicht um Geld nur dreht.
Dass sich Respekt und Liebe wieder lohnen
mit allen, die auf der Erde wohnen.

Ich wünsche mir, dass die Wärme der Kerzen,
noch einziehen möge in ganz viele Herzen.
Dass das Licht auch Seelen möge erhellen,
nur so können sie sich auf Frieden einstellen.

NOVEMBER GRAU

Zäher Nebel legt sich nieder,
schlägt mal wieder aufs Gemüt.
Novembergrau schreibt fast täglich,
ein melancholisches Seelenlied.

Grau in Grau und dicht verhangen,
ist die sonst so schöne Sicht.
Novembernass schreibt auf Verlangen,
zum tristen Grau noch ein Gedicht.

DER EISVOGEL

Bunt schillernd Farbe ist sein Federkleid,
ist er ein Gast der Winterzeit.
Kleiner Körper, spitzer Schnabel,
trotzdem ist er kein Tier der Fabel.
In Rostrot bis hin zu türkisblau,
sein Gefieder wirkt wie eine Zauberschau.
Er lebt am Ufer von Bächen oder Teichen,
wo Fische ihm zur Nahrung reichen.
Ausdauernd harrt er vor dem Fang
auf einem Ast über dem Wasser entlang.
Auch Insekten stehen auf seinem Speiseplan,
weil er diese hier leicht fangen kann.
Scheu ist er, doch wenn du ihn siehst
weißt auch du, wie schön ein Eisvogel ist.

TRAURIGKEIT

Nun sitze ich traurig und allein,
herum in einem Altersheim.

Mir bleibt nur noch eine kurze Zeit,
und wenn Gott mich ruft, ich bin bereit.

Hier denke ich wehmütig zurück,
an meiner Liebe großes Glück.

Vier Kinder krönten einst mein Leben,
für die hab ich alles gegeben.

Habe manches große Opfer gebracht,
und später über die Enkel gewacht.

Hab mein Erspartes hingegeben,
für der Kinder sorgenfreies Leben.

Doch, nun im Alter tu ich mich schwer.
Die Augen sind blind, das Rheuma plagt sehr.

Die Einsamkeit drückt mir auf's Herz,
niemand kennt meinen großen Schmerz.

Ich wünsche nur, dass die Kinder es nie erfahren,
wenn sie einst alt und hoch an Jahren,

dass Einsamkeit sie so zerfrisst,
wie das bei mir, als Mutter ist.

KIND IM SCHNEE

Ein kleines Kind wollte einst das Christkind sehen
und beschloss alleine zur Krippe zu gehen.
Zum Schutz vor Tieren und Gefahren,
nahm es seinen Teddy mit, der alt an Jahren.
Mit Mütze auf dem Kopf und dicker Jacke an
ging es hinaus und lief den Waldpfad entlang.
Weiter und weiter bis es erschöpft in der Nacht,
im Unterholz sich ein Plätzchen macht.
Plötzlich begann es zu schneien, ganz dicke Flocken
und Kälte kroch durch Kleidung und Socken.
Da betete das Kind mit offenem Herzen,
„Christkindl, die Kälte bereitet mir großen Schmerzen!!
Christkindl hilf, ich kann nicht weiter gehen.
Bitte hilf mir, bitte! Ich kann fast nichts mehr sehen.
Ich friere arg und mein Teddy auch,
meine Füße sind steif und eiskalt ist mein Bauch.

Wollte dir doch zur Freude meinen Teddy bringen
und dir Weihnachtslieder vorsingen."
Da nahte ein helles Licht das es umfing,
das ihm wohlige Wärme gab als es weiterging.
Es konnte geschützt und unbeschadet zum Ziele gelangen.
So hat seine erste Begegnung mit dem Christkind angefangen.

KUTSCHENFAHRT IM WINTER

Trab trab trab hör ich die Pferde,
hör der hellen Glöckchenklang.
Gehorsam sie die Kutschen ziehn,
durch den tiefen Schnee entlang.

In der Kutsche warm in Decken,
sitzt eine muntere Kinderschar,
die staunend ihre Hälse recken.
Winterzauber wunderbar!

Vor ihnen liegt in dickem Eis,
zugefroren und erstarrt der See.
Wintersonne lacht milde dazu,
zum Greifen nah des Berges Höh.

Noch lange lausche ich dem Lachen,
was gibt es Schöneres auf der Welt.
Als eine Kutschenfahrt zu machen
Unter Frau Holles Winterzelt.

DER SCHNEEMANN

Da stehst du nun du kleiner Mann,
schaust mich mit großen Augen an.
Ich habe mich in dich verliebt,
du bist das Schönste was es gibt.

Dein Körper zieht mich in den Bann,
dass ich nur noch staunen kann.
Stets hast du ein Lachen im Gesicht,
miese Laune die kennst du nicht.

Dein Teint ist weiß, es steht dir gut,
schön ist auch dein Zylinderhut.
Du bringst mich stets zum Lachen,
dein Anblick kann Herzen aufmachen.

Drum lieber Mann bleib bei mir,
du bist mein Winterelixier.
Denn Kälte die macht dir nichts aus,
du toller Schneemann vor meinem Haus.

SCHNEEFALL

Dicke Schneeflocken aus Frau Holles Reich,
verwandeln die Landschaft, einem Wintertraum
gleich.
Schwer lastet der Schnee auf Zweigen und Bäu-
men
und lässt mich ein Wintermärchen träumen.

Kinderlachen erfüllt den weißen Hang,
die rodeln und Schlitten fahren am Berg entlang.
Gespurte Loipen für Langlaufski,
der Augenblick, ein Gebilde der Fantasie.

Schneeflöckchen tanzen, setzen sich auf Mützen,
die die Haare und die Ohren schützen.
Still liegt die Hütte die unter Schneeslast,
den Menschen anhält zu staunen, ganz ohne
Hast.

Wer kennt schon der Schneeflocken unendliche
Zahl,
die uns dieses Märchen beschert…es war einmal.

DER WINTER IST DA

Lautlos hat der Schnee dieser Nacht,
aus der Stadt ein Wintermärchen gemacht.
Weiß lastet er auf Baumesspitzen,
Eiskristalle im hellen Sonnenlicht blitzen.
Und ein Maler hat mit viel Bedacht,
Eisrosen auf die Fensterscheiben gemacht.

Mit Handschuhen und Sonnenbrille,
unternehme ich einen Ausflug in die Stille.
Blauer Himmel und Sonne hüllen mich ein,
Teil dieses Spektakels zu sein.
Die Füße wärmen dicke Socken,
und schon schneit es wieder dicke Flocken.

Unter meinen Schuhen knirscht der Schnee,
vor mir ruht im Eis der See.
Kinder machen eine Schneeballschlacht,
und überall wird fröhlich gelacht.
Alles ist friedlich und schön,
so kann die Natur im Winter aussehn.

SCHNEEGESTÖBER

Mit Handschuhen, Mütze und dickem Schal,
wandere ich durch unser schönes Tal.
Rasch ziehen dunkle Wolken heran,
mir wird es mulmig, denn mein Weg ist noch
lang.
Dickes Schneetreiben verhüllt die Sicht,
ich erkenne meine nächste Umgebung nicht.
Innerhalb von kurzer Zeit,
wirkt die Landschaft still und weit.
Ein Zauber entsteht durch die weiße Pracht,
über die Schneeflocken schwerer Himmel wacht.
Friedvoll wirkt die Bergidylle,
Flöckchen tänzeln durch die Stille.
Sonne blinzelt kurz zwischenrein,
erzeugt glitzernden Schneekristallschein.
Kaum bin ich zurück am Haus,
seh ich wie ein Schneemann aus.
Für mich war dieser Wintergruß
ein Seelenfreuden Hochgenuss.

SCHNEEROSE

Eine kleine Rosenknospe hatte keine Kraft,
zu wachsen und sich zu öffnen.
Sie hat es einfach nicht geschafft.
Sie war verzagt, ihr fehlte der Mut,
sich empor zu strecken, zu erblühen.
Das war gar nicht gut.
Es kam der Herbst, sie musste sehn,
wie schnell andere Rosenschönheiten vergehn.
Als andere verwelkt da war sie erstaunt,
als eine Stimme im Winde ihr zuraunt.
„Nun beeile dich, denn auch du bist schön.
Ich möchte dich jetzt blühen sehn."
Erst zaghaft doch dann sehr entschlossen,
ist das Röslein hochgeschossen.
Als es die Blüte öffnet ihr glaubt es nicht,
legte sich weißer Schnee auf sein Blütengesicht.
Denn Gott war von dem Röslein so entzückt,
dass er den falschen Wetterknopf gedrückt.
Ich war Zeuge, als dieses Wunder geschah,
und staunte auch, was ich da sah.

EINE KLEINE TANNENBAUM-GESCHICHTE

Es war einmal ein kleines Samenkorn,

das war winzig klein und hat immer gefrorn.

Da sagte ihm Gott" nun schick ich dich auf die Erde,

dass aus dir ein schöner Tannenbaum werde."

Das Samenkorn erwiderte" Oh Herr, sieh mich an,

nichts, aber auch nichts ist an mir dran.

Ich fühle mich verletzlich, zu schwach und meinst du nicht auch,

es ist doch an Weihnachten so Brauch,

dass nur die schönsten Tannen der Erden,

geschlagen und dann geziert werden.

Zu deiner Freude und zur Erinnerung an alles, was geschah,

als die Heilige Nacht von Bethlehem war.

Bitte lieber Gott, sieh es doch ein,

alleine schaffe ich nicht das Erdensein."

Da meinte der Schöpfer" ich habe einen Traum,

aus dir mache ich einen Supertannenbaum."

Er überlegte noch kurz, vollendete dann seine Idee,

und legte zu dem Samenkorn ein zweites in den Weltenschnee.

Diese beiden wuchsen miteinander fortan,

und formten sich nach Jahren als wundervoller Tannenbaumstamm.

Dieser Baum war stark und vor allem ganz stolz,

war er doch aus ganz besonderem Holz.

Menschen bestaunten seinen Wuchs und die Statur,

nannten den Baum" ein Wunder der Natur."

Und dieser Geschichte Moral:

Alleine geht's, doch gemeinsam erreicht man mehr,

auf jeden Fall!

WERDE LICHT

Öffne dein Herz und werde Licht
leuchte, dass das Eis zerbricht.
Gib Menschen Wärme und Geborgenheit,
in einer kalten, selbstsüchtigen Zeit.

Öffne dein Herz und werde Licht
leuchte, dass das Eis zerbricht.
Gib Kindern Verständnis und Gehör,
denn das brauchen sie so sehr.

Öffne dein Herz und werde Licht
leuchte, dass das Eis zerbricht.
Sieh die Not deines Bruders neben dir,
mache aus dem ICH ein WIR.

Öffne dein Herz und werde Licht
leuchte, dass das Eis zerbricht.
Gib dem Nächsten ein Stück Brot,
hilf gegen Hunger und bittere Not.

Öffne dein Herz und werde Licht
leuchte, dass das Eis zerbricht.
Liebe und verzeihe in eisiger Zeit,
dann macht Weihnachten sich in deinem Herzen
breit.

WEIHNACHTSERINNERUNG

Weihnachtsstimmung macht sich breit,
Weihnachten ist nicht mehr weit.
Überall ertönen Weihnachtslieder,
alle Jahre wieder, alle Jahre wieder .

Nun noch schnell Geschenke verpacken,
Plätzchen und auch Stollen backen.
Dazu noch die Wohnung zieren,
putzen und nicht die Ruhe verlieren.

Einen Weihnachtsmarkt besuchen,
im Gedränge nur nicht fluchen.
Wunschzettel der Kinder weiterleiten,
Essen für Heiligen Abend vorbereiten.

Da kehren Gedanken an meine Kinderzeit zurück.

Weihnachtserwartung, Ruhe und Glück.

Die Familie versammelt im Wohnzimmerraum,

Gedichte aufsagen vor den Tannenbaum.

Es gab nicht so viel Weihnachtskommerz,

Fantasie und Freude belebten das Herz.

Stets hat uns das Christkind in der heiligen Nacht,

dicke Schneeflocken zum Schlittenfahren gebracht.

WENN.....

Wenn Tannenbäume aufgestellt,
Lichterketten erhellen die Welt.
Wenn Hilfsprojekte werden bedacht,
an die man übers Jahr nicht gedacht.
Wenn Spezereien auf Weihnachtsmärkten locken,
und draußen schneit es dicke Flocken.
Wenn Leute sich Essen und Glühwein einverleiben
ben
und Kinder ihre Wunschzettel schreiben.
Wenn Christstollen und Honigkuchen
hungrige Genießer suchen.
Wenn Gebensfreude sich macht breit,
dann ist meistens Weihnachtszeit.
Wenn dann die Herzen offen sind,
kommt mit Freude das Christuskind.

DIE CHRISTROSE

Einst hat die Wintersonne der Heiligen Nacht,
ein weißes Röslein zum Blühen gebracht.
Durch Schnee der gefallen und die Erde be-
deckte,
sich das Röslein in die Höhe streckte.
Es reckte seinen Hals und staunte was es sah,
ein Kind in der Krippe, auch Ochs und Esel wa-
ren da.
Das Röslein wiegte sanft seine grünen Blätter,
was gar nicht so einfach war in dem Winterwet-
ter.
Und dann, einen winzigen Augenblick
sah das Kind zum Röslein und winkte lächelnd
zurück.
Das Röslein ganz selig, wusste nicht wie ihm ge-
schah.
Es spürte jedoch eine große Liebe, die plötzlich
in ihm war.
Seit dieser Nacht, das ist bekannt,
wird dieses Röslein auch Christrose genannt.

WEIHNACHTSGESCHICHTE

Schon tagelang hat es geschneit,
das Land es trägt ein weißes Kleid.
Tausende Lichter glitzern und funkeln,
Menschen und Städte sind nicht mehr im Dun-
keln.

In einer sternenklaren Dezembernacht,
ich lag wach und habe darüber nachgedacht,
wie es damals wohl war in der Heiligen Nacht,
als Christus uns die Liebe in die Welt gebracht.

Da klopfte es ans Fenster von meinem Haus
und in dickem Pelz stand draußen der heilige. Ni-
kolaus.
„Zieh dir was Warmes an, dann gehen wir auf die
Reise"
sagte er" auf das du einsichtig wirst und weise."

So zog ich mich warm an, von Kopf bis zum
Fuß,
ich jedoch noch eines erwähnen muss:
Rasch packte ich noch selbstgebackenen Stollen
ein.
Wer reist soll ja nicht hungrig sein.

Mit Nikolaus im Schlitten und Rentieren voran,
ein Feeling, das man nicht beschreiben kann.
Am Ende der Straße die Kurve ich noch sehe,
erhebt sich das Gefährt durch die Luft in die
Höhe.

Und immer höher und höher in unendliche Wei-
ten,
wir mit Nikolaus' Schlitten gleiten.
Ein leuchtend heller Stern der fiel mir auf,
der Schlitten folgte stets seinem Lauf.
Auf einmal ging es steil hinunter,
„wir sind jetzt da" meinte Nikolaus noch munter.
„Steig nur aus, du findest das Kind!

Lass dich leiten von den Stimmen im Wind."
Tatsächlich höre ich wunderbaren Engelsgesang,
höre Flöten und auch Harfenklang.
Ich sehe vage den Weg wie er weitergeht,
und den hellen Stern, der über dem Stalle steht.

Neugierig doch voller Demut trete ich ein,
ich sehe das Paar, Ochs, Esel und das Kindelein.
Es schaut zu mir und berührt ganz tief mein
Herz
und tief in mir fühle ich einen süßen Schmerz.

Ich knie vor ihm nieder, als es mich hold anlacht,
dann sage ich ihm" schau, ich habe dir was mit-
gebracht".
Lege meinen Stollen nieder zu seinen Füssen,
und eine unendliche Liebe tat sich in mein Herz
ergießen.

Es folgten der Engel laute Lobeslieder
„Christus wird geboren, alle Jahre wieder".
Ergriffen fließen meine Tränen,

mein Traum erfüllt und auch mein Sehnen.

Mir war, als ich dem Kind noch ein Gebet darge-
bracht
gerade so, als hätte es mich angelacht.
Dann verabschiede ich mich „ Ich muss jetzt zu-
rück,
niemals vergesse ich dieses unsagbare Glück".

Beim Heraustreten aus dem Stall,
erstrahlte und blühte alles überall.
Die Hirten habe ich noch gesehen,
die wollten auch zum Kindlein gehen.

Nikolaus nahm mich wieder mit zurück,
ich war aufgeregt und total selig vor Glück.
Habe ich doch das Kind gesehen, Jesus Christ.
Jetzt hoffe ich nur,….. dass es gerne meinen
Christstollen isst.

ICH WÜNSCHE DIR EINEN ENGEL

Ich wünsche dir einen Engel,
der dich begleitet jeden Tag.
Der dich beschützt und leitet,
egal, was auch kommen mag.

Ich wünsche dir einen Engel,
der mit dir geht durch diese Zeit.
Der seine Flügel um dich spannt,
und dich bewahrt vor bitterem Leid.

Ich wünsche dir einen Engel,
der sanft dein Herz berührt.
Der dich die große Liebe spüren lässt,
die dich durchs Leben führt.

Ich wünsche dir einen Engel,
des Nächsten Leid zu sehn.
Der dir die Gewissheit gibt,
du wirst deinen Weg nie alleine gehn.

Ich wünsche dir einen Engel,
der das Kind in dir beschützt.
Und du dir so bewahrst,
was dir im Leben nützt.

Ich wünsche dir einen Engel,
um dir auch Muße anzutun.
Um Kraft zu tanken und Frieden,
und in guten Gedanken zu ruhn.

Ich wünsche dir einen Engel,
zu lieben und zu vergeben.
Denn das sind die höchsten Ziele,
in einem Menschenleben.

Ursula Burckhardt wurde 1955 geboren und lebt heute an der Mosel. Bevor sie ihr Talent des Schreibens entdeckte, erlernte sie den Beruf der Krankenschwester.

In diesem Band findet der Leser eine Auswahl an Gedichten über die Natur im Herbst bis in den Winter hinein, über das Leben, Lebensstationen, aber auch über die Liebe.

Damit möchte die Autorin Menschen Mut machen, an das Gute im Leben zu glauben und die Hoffnung daran nicht aufzugeben.

Besuchen Sie mich gerne auf meiner Homepage:

www.ursula-burckhardt.de